まちごとインド

North India 032 Amritsar
アムリトサル
シク教徒と「黄金寺院」

ਅੰਮ੍ਰਿਤਸਰ

Asia City Guide Production

【白地図】北インド

INDIA
北インド

北インド

Amritsar

白地図

【白地図】パンジャーブ地方

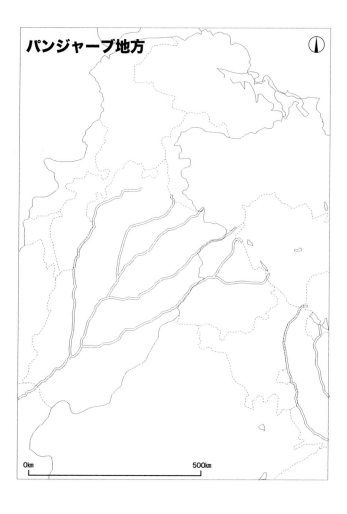

【白地図】アムリトサル

INDIA
北インド

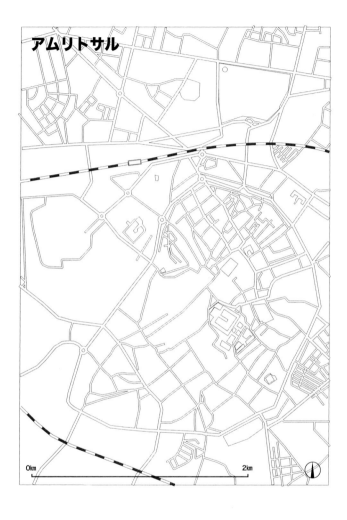

アムリトサル

Amritsar 白地図

【白地図】黄金寺院

INDIA
北インド

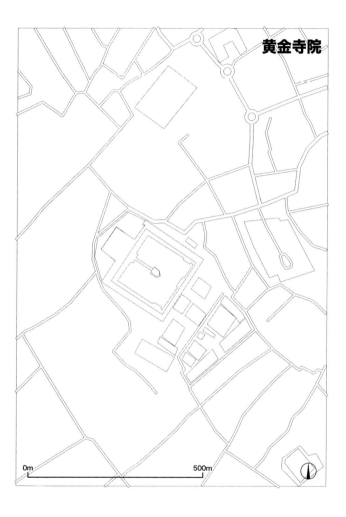

【白地図】ワガボーダー

INDIA
北インド

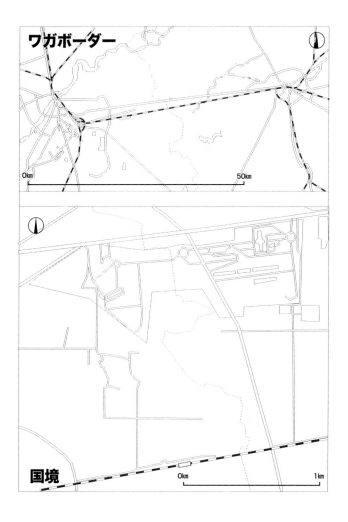

INDIA
北インド

【まちごとインド】
北インド 001 はじめての北インド
北インド 002 はじめてのデリー
北インド 003 オールド・デリー
北インド 004 ニュー・デリー
北インド 005 南デリー
北インド 012 アーグラ
北インド 013 ファテープル・シークリー
北インド 014 バラナシ
北インド 015 サールナート
北インド 022 カージュラホ
北インド 032 アムリトサル

インド北西部に位置するパンジャーブ州の中心都市アムリトサル。ここはヒンドゥー教とイスラム教を批判的に融合させたシク教最高の聖地で、ターバンを巻き、恰幅のよい体格(ヒンドゥー教徒と違って肉食するところから)をもつシク教徒の姿が見られる。

この街の中心には、シク教徒にとって神聖な場所である黄金寺院が立ち、街はこの聖地を中心に拡大してきた。16世紀、第4代グル・ラームダースの時代にここに土地があたえられ、第5代グル・アルジュンの時代にハリ・マンディル(黄金寺院)

ਅੰਮ੍ਰਿਤਸਰ
アムリトサル
Amritsar

が建てられた。

　インドとパキスタン両国にわかれているパンジャーブ地方で、15世紀以来、シク教は広がりを見せ、19世紀には独立したシク王国が樹立されたこともあった。1947年の印パ分離独立でシク教徒はインド側へ移住し、聖地アムリトサルには多くのシク教徒が巡礼に訪れている。

【まちごとインド】
北インド 032 アムリトサル

目次

アムリトサル …………………………………………………… xii

甘露の泉がわく聖地 ………………………………………… xviii

アムリトサル城市案内 ……………………………………… xxiv

この地で生まれたシク教 …………………………………… xlii

【MEMO】

Amritsar　アムリトサル

【地図】北インド

INDIA
北インド

北インド

甘露の泉がわく聖地

INDIA 北インド

ヒンドゥー教とイスラム教を融合させたシク教
アムリトサルはその聖地で
カラフルなターバンを巻いたシク教徒が見られる

シク教総本山

シク教はパンジャーブ地方の小さな村に生まれたグル・ナナク（1469〜1538年）によってはじめられた宗教で、16世紀以降この地方に広がりを見せた。シク教では「ヒンドゥーもムスリムもいない」として両者を批判的に融合させ、表面的な儀式やカースト、儀礼が否定され、唯一絶対の神が信仰された（シクとはサンスクリット語で「弟子」を意味する）。シク教寺院（グルドワーラー）ではカーストが低い人々にも門戸を開き、シク教の聖典『グル・グラント・サーヒブ』にはヒンドゥー教、イスラム教に関わらず、シク教の考えに近い詩がおさめられている。

Anritsar 甘露の泉がわく聖地

▲左 アムリトサルはシク教徒にとって特別な地。　▲右 ふんだんに黄金が使われた豪華な寺院

地名の由来

アムリトサルがシク教聖地となるのは、第4代グル・ラームダースがムガル帝国第3代アクバル帝に土地をあたえられ、移り住んだことにはじまる（アクバル帝は異なる宗教の融合を試みたことで知られる）。この地はグル・ナナクが神からあたえられて飲んだという甘露アムリト（アムリタサラス）に因んでアムリトサルと名づけられた。甘露はヒンドゥー教でも古くから神々に愛された飲みもの（ヴィシュヌ神が攪拌したという）で、シク教では現在も入信式のときに飲むことで知られる。

INDIA
北インド

▲左　アムリトサルで出逢ったシク教徒、ターバンが印象的。　▲右　シク教寺院、白の外観をもつ

文明のはざまで

パンジャーブの地でシク教が広がりを見せたのは、ここがちょうど土着のインド文明と南アジアに侵入してきた外来の文明が交わる結節点であったことがあげられる。12世紀以後、イスラム勢力が本格的に中央アジアから南アジアに進出するようになり、パンジャーブ地方はインドへの玄関口となっていた。ヒンドゥー教とイスラム教を融合させたシク教がこの地で生まれているほか、宗教の違いがもととなって分離独立したインドとパキスタンの国境線がこの地方でひかれている（パンジャーブ州はインドとパキスタンの双方に存在する）。

【MEMO】

Amritsar 甘露の泉がわく聖地

【地図】パンジャーブ地方の [★★★]

☐ アムリトサル Amritsar

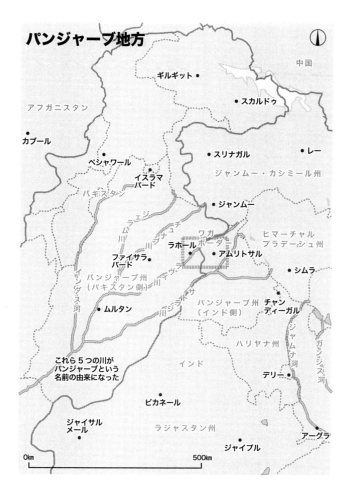

アムリトサル城市案内

Guide, Amritsar

INDIA 北インド

シク教最高の聖地アムリトサル
黄金寺院から放射状に街は拡大してきた
印象的なターバンを巻いたシク教徒の姿が見られる

アムリタ・サラス（不死の池）Amrita Saras ［★★☆］

黄金寺院の周囲にたくわえられた池アムリタ・サラス。16世紀、アクバル帝からこの地をあたえられた第4代グル・ラームダースがまずこの池をつくり、神話時代に醸造されたと言われる神聖な飲みものアムリトにちなんで、アムリタ・サラスと名づけた。シク教徒はこの池の水をアムリトととらえ、グル・ナナクが神から授けられたものとしてヒンドゥー教徒にもまして神聖視している（シク教徒は、カールサー入団のときにアムリトを飲み、飲んだ者は不死になると信じられている）。シク教では身なりの清浄を説くところから、この池

の周囲では沐浴するシク教徒の姿が見られる。

黄金寺院(ハリ・マンディル)Golden Temple [★★★]
アムリタ・サラスの中央に浮かぶように立つ黄金寺院。1589年、第5代グル・アルジュンによって建てられ、同じくグル・アルジュンによって編纂されたシク教聖典『グル・グラント』の原本がおかれている(10代目のグルは次のグルを指名せず、グル・グラントをグルに定めた)。「神の家」を意味するハリ・マンディルという正式名称をもち、1802年にシク王国を樹立したランジート・シングが礼拝堂に金箔をはり、壁

【地図】アムリトサル

【地図】アムリトサルの [★★★]
- [ ] 黄金寺院（ハリ・マンディル）Golden Temple

【地図】アムリトサルの [★☆☆]
- [ ] ジョリアーン・ワーラー庭園 Jalianwala Bagh
- [ ] ゴーヴィンド・ガル要塞 Govind Garh Fort
- [ ] ラーム庭園 Ram Bagh

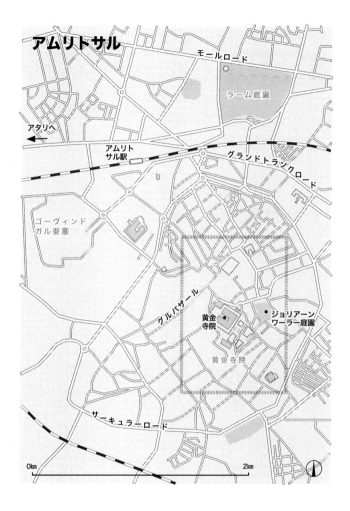

【地図】黄金寺院の ［★★★］
- ☐ 黄金寺院（ハリ・マンディル）Golden Temple
- ☐ グル・グラント・サーヒブ Guru Granth Sahib（黄金寺院内）

【地図】黄金寺院の ［★★☆］
- ☐ アムリタ・サラス（不死の池）Amrita Saras
- ☐ ランガル Guru Ka Langar

【地図】黄金寺院の ［★☆☆］
- ☐ ジョリアーン・ワーラー庭園 Jalianwala Bagh

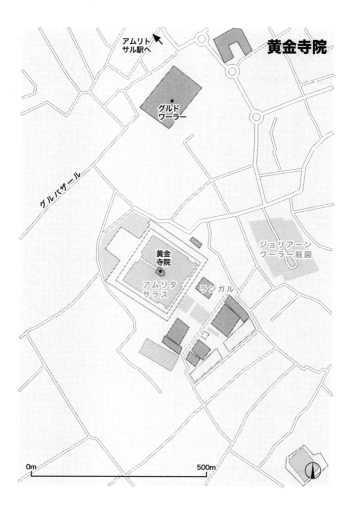

INDIA
北インド

面に聖典の詩を浮き彫りにしたところから黄金寺院の愛称で呼ばれるようになった。この黄金寺院では24時間絶えることなく、聖歌が謳われ、シク教徒を中心に巡礼者の姿が見られる。

シク教寺院の構造

シク教の聖典『グル・グラント・サーヒブ』がおかれたシク教寺院をグルドワーラーと呼び、黄金寺院のように大きなものから、建物の一室をとったような小さな規模のものまである。壁面を白色でぬられた寺院が多く、「神の前では誰もが

▲左 シク教徒が沐浴を行なうアムリタ・サラス。 ▲右 アムリトサルの中心、黄金寺院（ハリ・マンディル）

平等だ」と説く教えから、扉が四方向に備えられている（バラモン、クシャトリヤ、ヴァイシャ、シュードラというすべての人々に向けて開かれていることを意味するという）。また神への謙虚さを示すために、平地から一段低いところに基壇がおかれている。

グル・グラント・サーヒブ Guru Granth Sahib ［★★★］

シク教の聖典『グル・グラント・サーヒブ』には歴代グルによって編まれた詩、シク教の理念と同じくするヒンドゥーやイスラム聖者の詩が載せられている。第5代グル・アルジュ

ンによって編纂され、1430Pという膨大な量からなる聖典の原本がおかれている。また第10代グル・ゴーヴィンド・シングはグルを人間ではなく、この聖典に選んだため、聖典そのものが信仰対象となっている。『グル・グラント・サーヒブ』のわきには従者がいて、人間に対するようにうちわで風を送るといった光景が見られる。

シク博物館 Sikh Museum ［★☆☆］

黄金寺院に面して立つシク博物館。ここではシク教の歴史や文化、弾圧された悲劇の歴史などが展示されている。

▲左　アムリタ・サラスに浮かぶように立つ黄金寺院。　▲右　シク教徒の商人、誠実だとして信頼される

ランガル Guru Ka Langar ［★★☆］

すべての人の平等や友愛を説くシク教の理念を体現させたのが、共同炊事場ランガル。ヒンドゥー教ではカースト制から食事に関する厳しい制限があるのに対して、このランガルでは訪れる者すべてが食事のほどこしを受けられる。

悲劇の地

1947年のインド独立後、パンジャーブ地方は農産物の多くを収穫するインド有数の肥沃な土地だったが、この地の人々は十分な利益や権利を受けることができなかった。またシク

INDIA
北インド

教が独自の歴史や文化をもつことから、パンジャーブ州の分離独立を求めるシク教徒の過激派が1984年、黄金寺院にたてこもった。この過激派にインディラ・ガンディー首相は強行的な態度をとり、インド陸軍が銃火のあらしをあびせたことで、1000人のシク教徒が生命を落とした（ここは聖地のため、軍は作戦を裸足で行なった）。同年、聖地を汚されたという反感を買って、インディラ・ガンディーは護衛のシク教徒に暗殺されることになった。

北インド

ジョリアーン・ワーラー庭園 Jalianwala Bagh [★☆☆]

黄金寺院の東に位置するジョリアーン・ワーラー庭園。ここは英領インド時代、無防備の市民が虐殺されたアムリトサル事件が起こった悲劇の場所として知られる。1919年に成立した反英運動をとりしまるローラット法に対して、この庭園でも抗議集会が開かれたが、イギリス人ダイヤーの指揮する軍が「集会に参加している市民」を無差別に発砲した。集まった2万人の市民のうち、1500人以上の死傷者を出すことになり、逃げるために飛び込んだ泉からも100人以上の遺体がひきあげられた。この事件を受けて、インド独立運動はさら

▲左 インド中からアムリトサルに訪れる人々。　▲右 街角の様子、ターバン姿の人が多い

なる盛りあがりを見せ、ガンジー、ネルーらにひきいられ、1947年、インドはイギリスからの独立を達成することになった。

ゴーヴィンド・ガル要塞 Govind Garh Fort ［★☆☆］

黄金寺院の西に立つゴーヴィンド・ガル要塞。ここはシク教10代グル・ゴーヴィンド・シングの時代の1809年に建立された。シク教は16世紀以来、パンジャーブ地方に広がったが、イスラム教徒から異端と見られることも多く、ムガル帝国やイギリスへの反撃拠点となっていた。

INDIA
北インド

弾圧された歴史

第3代アクバル帝以後のムガル帝国時代、シク教は異端とされ、度々弾圧を受けることになった。第5代グル・アルジュンはジャハンギール帝によってラホールで、第9代グル・テーグ・バハードゥルもアウラングゼーブ帝によってデリーで拷問死したことなどから、シク教徒は武装化するようになった。またこのような事情から、1857年、ムガル皇帝がかつぎ出されたインド大反乱では、シク教徒は反乱軍ではなくイギリス側に味方している。

ラーム庭園 Ram Bagh ［★☆☆］

鉄道駅の北東に位置するラーム庭園（アムリトサルの街の創設者グル・ラーム・ダースに由来する）。ここは19世紀にパンジャーブを中心にシク王国を樹立したランジート・シングの宮殿があったところで、現在は庭園と博物館になっている。博物館ではシク教徒が装備する武器などの展示が見られる。

北インド

アタリ(ワガ) Atari [★★☆]

アムリトサルの西30kmには印パ国境線が走り、国境の町アタリを越えるとパキスタン側のワガの町に入る。ここでは毎日、夕暮れの国境閉鎖時にインドとパキスタン双方による国旗降納式が行なわれ、多くの観客がそのセレモニーを見守る。またこの国境から西30kmにはパキスタン側パンジャーブ州の州都ラホールがある。

この地で生まれたシク教

INDIA 北インド

独特の風貌で知られるシク教徒
その強靭さから軍隊で活躍している者も多い
この地の風土に育まれたシク教

パンジャーブとは

パンジャーブ地方はインドとパキスタンにまたがり、この地方を流れる「5つの河川（サトラジ川、ラヴィ川、ビーズ川、チナーブ川、ジェラム川）」が地名の由来となっている。1947年の印パ分離独立までシク教徒は国境をまたいで暮らしていたが、ムガル帝国時代に弾圧されたイスラム教ではなく、ヒンドゥー教徒が多く住むインド側に移り住んだ。アムリトサルはラホールとともにこの地方の中心地だったところで、豊富な穀物やさとうきびなどが集散される。

【MEMO】

Amritsar ｜ この地で生まれたシク教

【地図】ワガボーダー

【地図】ワガボーダーの［★★★］
- [ ] アムリトサル Amritsar

【地図】ワガボーダーの［★★☆］
- [ ] アタリ（ワガ）Atari

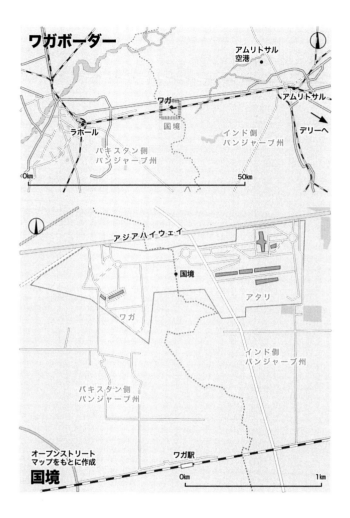

Amritsar｜この地で生まれたシク教

INDIA
北インド

カールサーに属するシク教徒

一般的なシク教徒の男子は5人からなるシク教徒の集団カールサーをつくっていて、その入団式ではアムリトが飲まれる。このカールサーはシク教徒の信仰を守るため、第10代グル・ゴーヴィンド・シングによってはじめられ、ケーシャ(切らない髪や髭)、カンガー(櫛)、カラー(鉄製の腕輪)、カッチャー(ゆったりとしたズボン下)、キルパーン(刀)という5つの「K」が外見的シンボルとされる。またシク教徒の男子は、「獅子」を意味するシングを名前につけている。

▲左 客引きをするリキシャワーラー。　▲右 ラホールは長いあいだパンジャーブの中心地だった

独立王国時代

18世紀、ムガル帝国が衰退するなかで、パンジャーブ地方ではシク教徒の勢力がいくつも併存するようになった。そのようななかランジート・シングはシク教徒をまとめ、1801年にラホールに入城してシク王国を樹立した。シク王国はパンジャーブ地方を中心に広がったが、二度のシク戦争を経てイギリスに組み込まれることになった。パンジャーブ地方はコルカタを拠点とした英領インドに対して、最後まで独立をたもった勢力だった。

参考文献

『インド建築案内』（神谷武夫 / TOTO 出版）

『シク教』（コール＆サンビー / 筑摩書房）

『シク教』（コウルシング / 青土社）

『シーク教の人びと』（ランジート・アローラ / リブリオ出版）

『シーク教の世界』（ダルジートシング / 帝国書院）

『印度藩王国』（ウイリアム・バートン / 中川書房）

『もっと知りたいインド』（佐藤宏・内藤雅雄・柳沢悠 / 弘文堂）

『世界大百科事典』（平凡社）

まちごとパブリッシングの旅行ガイド
Machigoto INDIA , Machigoto ASIA , Machigoto CHINA

【北インド - まちごとインド】

001 はじめての北インド
002 はじめてのデリー
003 オールド・デリー
004 ニュー・デリー
005 南デリー
012 アーグラ
013 ファテープル・シークリー
014 バラナシ
015 サールナート
022 カージュラホ
032 アムリトサル

【西インド - まちごとインド】

001 はじめてのラジャスタン
002 ジャイプル
003 ジョードプル
004 ジャイサルメール
005 ウダイプル
006 アジメール(プシュカル)
007 ビカネール
008 シェカワティ
011 はじめてのマハラシュトラ
012 ムンバイ
013 プネー
014 アウランガバード
015 エローラ
016 アジャンタ
021 はじめてのグジャラート
022 アーメダバード
023 ヴァドダラー(チャンパネール)
024 ブジ(カッチ地方)

【東インド - まちごとインド】

002 コルカタ
012 ブッダガヤ

【南インド - まちごとインド】

001 はじめてのタミルナードゥ
002 チェンナイ
003 カーンチプラム
004 マハーバリプラム
005 タンジャヴール
006 クンバコナムとカーヴェリー・デルタ
007 ティルチラパッリ
008 マドゥライ
009 ラーメシュワラム
010 カニャークマリ
021 はじめてのケーララ
022 ティルヴァナンタプラム
023 バックウォーター(コッラム〜アラップーザ)
024 コーチ(コーチン)
025 トリシュール

【ネパール - まちごとアジア】

001 はじめてのカトマンズ
002 カトマンズ
003 スワヤンブナート

004 パタン
005 バクタプル
006 ポカラ
007 ルンビニ
008 チトワン国立公園

【バングラデシュ - まちごとアジア】

001 はじめてのバングラデシュ
002 ダッカ
003 バゲルハット（クルナ）
004 シュンドルボン
005 プティア
006 モハスタン（ボグラ）
007 パハルプール

【パキスタン - まちごとアジア】

002 フンザ
003 ギルギット（KKH）
004 ラホール
005 ハラッパ
006 ムルタン

【イラン - まちごとアジア】

001 はじめてのイラン
002 テヘラン
003 イスファハン
004 シーラーズ
005 ペルセポリス
006 パサルガダエ（ナグシェ・ロスタム）
007 ヤズド
008 チョガ・ザンビル（アフヴァーズ）
009 タブリーズ
010 アルダビール

【北京 - まちごとチャイナ】

001 はじめての北京
002 故宮（天安門広場）
003 胡同と旧皇城
004 天壇と旧崇文区
005 瑠璃廠と旧宣武区
006 王府井と市街東部
007 北京動物園と市街西部
008 頤和園と西山
009 盧溝橋と周口店
010 万里の長城と明十三陵

【天津 - まちごとチャイナ】

001 はじめての天津
002 天津市街
003 浜海新区と市街南部
004 薊県と清東陵

【上海 - まちごとチャイナ】

001 はじめての上海
002 浦東新区
003 外灘と南京東路
004 淮海路と市街西部
005 虹口と市街北部
006 上海郊外（龍華・七宝・松江・嘉定）
007 水郷地帯（朱家角・周荘・同里・甪直）

【河北省 - まちごとチャイナ】

001 はじめての河北省
002 石家荘
003 秦皇島
004 承徳
005 張家口
006 保定
007 邯鄲

【江蘇省 - まちごとチャイナ】

001 はじめての江蘇省
002 はじめての蘇州
003 蘇州旧城
004 蘇州郊外と開発区
005 無錫
006 揚州
007 鎮江
008 はじめての南京
009 南京旧城
010 南京紫金山と下関
011 雨花台と南京郊外・開発区
012 徐州

【浙江省 - まちごとチャイナ】

001 はじめての浙江省
002 はじめての杭州
003 西湖と山林杭州
004 杭州旧城と開発区
005 紹興
006 はじめての寧波
007 寧波旧城
008 寧波郊外と開発区
009 普陀山
010 天台山
011 温州

【福建省 - まちごとチャイナ】

001 はじめての福建省
002 はじめての福州
003 福州旧城
004 福州郊外と開発区
005 武夷山
006 泉州
007 厦門
008 客家土楼

【広東省 - まちごとチャイナ】

001 はじめての広東省
002 はじめての広州
003 広州古城
004 天河と広州郊外
005 深圳（深セン）
006 東莞
007 開平（江門）
008 韶関
009 はじめての潮汕
010 潮州
011 汕頭

【遼寧省 - まちごとチャイナ】

001 はじめての遼寧省
002 はじめての大連
003 大連市街
004 旅順
005 金州新区

006 はじめての瀋陽
007 瀋陽故宮と旧市街
008 瀋陽駅と市街地
009 北陵と瀋陽郊外
010 撫順

【重慶 - まちごとチャイナ】

001 はじめての重慶
002 重慶市街
003 三峡下り（重慶〜宜昌）
004 大足

【香港 - まちごとチャイナ】

001 はじめての香港
002 中環と香港島北岸
003 上環と香港島南岸
004 尖沙咀と九龍市街
005 九龍城と九龍郊外
006 新界
007 ランタオ島と島嶼部

【マカオ - まちごとチャイナ】

001 はじめてのマカオ
002 セナド広場とマカオ中心部
003 媽閣廟とマカオ半島南部
004 東望洋山とマカオ半島北部
005 新口岸とタイパ・コロアン

【Juo-Mujin（電子書籍のみ）】

Juo-Mujin 香港縦横無尽
Juo-Mujin 北京縦横無尽
Juo-Mujin 上海縦横無尽

【自力旅游中国 Tabisuru CHINA】

001 バスに揺られて「自力で長城」
002 バスに揺られて「自力で石家荘」
003 バスに揺られて「自力で承徳」
004 船に揺られて「自力で普陀山」
005 バスに揺られて「自力で天台山」
006 バスに揺られて「自力で秦皇島」
007 バスに揺られて「自力で張家口」
008 バスに揺られて「自力で邯鄲」
009 バスに揺られて「自力で保定」
010 バスに揺られて「自力で清東陵」
011 バスに揺られて「自力で潮州」
012 バスに揺られて「自力で汕頭」
013 バスに揺られて「自力で温州」

【車輪はつばさ】
南インドのアイラヴァテシュワラ寺院には建築本体に車輪がついていて寺院に乗った神さまが人びとの想いを運ぶと言います。

・本書はオンデマンド印刷で作成されています。
・本書の内容に関するご意見、お問い合わせは、発行元の
　まちごとパブリッシング info@machigotopub.com までお願いします。

まちごとインド
北インド032アムリトサル
～シク教徒と「黄金寺院」[モノクロノートブック版]

2017年11月14日　発行

著　者	「アジア城市（まち）案内」制作委員会
発行者	赤松　耕次
発行所	まちごとパブリッシング株式会社 〒181-0013　東京都三鷹市下連雀4-4-36 URL http://www.machigotopub.com/
発売元	株式会社デジタルパブリッシングサービス 〒162-0812　東京都新宿区西五軒町11-13 清水ビル3F
印刷・製本	株式会社デジタルパブリッシングサービス URL http://www.d-pub.co.jp/

MP011

ISBN978-4-86143-145-6　C0326　　　　Printed in Japan
本書の無断複製複写（コピー）は、著作権法上での例外を除き、禁じられています。